Wäre doch ganz interessant zu erfahren,
was die Mäuse von den Vögeln und die
Käfer von den Schmetterlingen halten.
Sie sehen einander. Aber was denken sie?

Andrej Sinjawski, »Eine Stimme im Chor«

Hilde Heyduck-Huth

Ein Käfer in der Wiese

Otto Maier Verlag Ravensburg

An einem Wegrand liegen vier dicke runde Pferdeäpfel,
und schon sind auch die Mistkäfer da.
Sie wollen Mist in ihre Erdhöhlen bringen.

Ein Käfer ist in die Wiese gelaufen.
Unten zwischen den Halmen und Stengeln
ist es dämmrig und kühl.

Wie ein Wald ist die Wiese für den Käfer.

Der Käfer klettert über ein breites Blatt
vom Löwenzahn nach oben.
Da sitzt ein Schmetterling auf einer Margerite.

Wie ein Wald ist die Wiese für den Käfer.

Der Käfer klettert über ein breites Blatt
vom Löwenzahn nach oben.
Da sitzt ein Schmetterling auf einer Margerite.

Er fächelt mit den Flügeln,
er breitet sie aus und legt sie wieder zusammen
und breitet sie wieder aus.

Nun fliegt der Schmetterling fort.
Über die Gräser und Blumen fliegt er,
über den gelben Löwenzahn

und das weiße Schaumkraut,
über den roten Wiesenknopf
und die schönen blauen Skabiosen.

Der Käfer bleibt jetzt lieber im schattigen Graswald. Er sieht eine Kröte am kleinen Quellbach, wo die gelben Sumpfdotterblumen blühen.

Schnell kehrt er um. Er will doch nicht von der Kröte gefressen werden!

Rosaweiße Pilze wachsen in der Wiese,
und viele Schnecken sind dorthin gekrochen.
Sie fressen von den Pilzen.
Es regnet ein bißchen.

Aber die Schnecken sind gern im Feuchten.
Der Käfer sucht Schutz vor den Regentropfen,
die von seinen glatten Flügeldecken rollen.
Er sieht noch ganz trocken aus.

Bald ist der Regen vorbei,
und alle kleinen Tiere kommen
wieder aus ihrem Versteck.

Alle sind jetzt
aus ihrem Regenversteck gekommen.

Wie ein großer roter Ball,
steht die Sonne am Himmel.
Bald wird es Nacht sein.

Der Käfer trifft noch viele andere Käfer:
rote, blaue, grüne und goldfarbene.

Der Käfer trifft einen anderen Käfer,
einen roten. Sie betasten sich
mit ihren Fühlern.

Aber der Käfer und die gefräßigen Raupen kümmern sich nicht um den schönen Abendhimmel. Der Käfer krabbelt weiter, und die Raupen fressen weiter.

Der Schlange wird es nun zu kühl in der Wiese.
Sie schiebt sich durch den Stengelwald
zu ihrem Schlafplatz zwischen warmen Steinen.

Der Käfer wartet unter einem Blatt,
bis die Schlange vorüber ist.

Der Käfer hebt die Flügeldecken
und breitet die zarten Hautflügel aus.
Er will jetzt zum Wegrand zurückfliegen.

Immer dunkler wird es.
Nun fängt das große Heupferd an
zu zirpen und zu schrillen.
Die ganze Nacht wird es unterwegs sein.

Da fliegt der Käfer,
und er summt und brummt gewaltig dabei.
Viele Tiere sind wach, wenn es Nacht ist.
Man sieht sie nicht.

Nur die Leuchtkäfer sieht man.
Sie locken und rufen sich gegenseitig mit ihrem Licht.
Auch der Mistkäfer wird nun bald wieder
bei den anderen Mistkäfern sein.

8 7 6 5 81 80 79

Printed in Germany 1978
Gesamtherstellung: E. Kaufmann, Lahr
ISBN 3–473–33540–1